Perros que trabajan

EDICIÓN PATHFINDER

Por Terrell Smith

POR TERRELL SMITH

Pastores, detectives, asistentes en el hogar y mucho más: los perros hacen toda clase de trabajos. ¡Y son excelentes trabajadores!

Perro de servicio con un hombre lesionado

Trabajando como un perro

Brigada de Beagles en Miami, Florida

Algunos de los mejores trabajadores de los Estados Unidos no reciben un sueldo. Pero estos empleados no se quejan ni renuncian. De hecho, se los ve felices trabajando como perros.

Desde luego, eso es lo que son. Los canes profesionales llevan a cabo diversos trabajos. Los perros sirven de "ojos" a los ciegos y "oídos" a los sordos. Y proporcionan alegría a los residentes de los hogares para ancianos.

Los perros también realizan muchos otros trabajos. Tiran de trineos, encuentran pruebas de delitos, inspeccionan equipaje en busca de drogas ilegales o productos alimenticios, buscan a personas desaparecidas y mucho más. ¡Una perra afortunada incluso es vicepresidenta de una gran empresa!

Con el entrenamiento adecuado, los perros se convierten en excelentes empleados. Son inteligentes, hábiles y cariñosos. También son terriblemente confiables.

Trabajando. *Azu (arriba) encuentra a un pescador perdido en el río Oswego de Nueva York. Maggie, Jane y Hobbs (centro): estos perros están entrenados para encontrar y rescatar personas.*

¿Necesitas una pata?

Imagina si no pudieras encender la luz ni abrir el refrigerador. La vida sería bastante frustrante. Tendrías que depender de otras personas todo el tiempo. ¿O tal vez no?

Algunas personas con **discapacidades** físicas cuentan con "perros de servicio" que han recibido un entrenamiento especial. Al ayudar con las actividades cotidianas, los animales les dan a sus dueños una reconfortante sensación de independencia.

Los perros de servicio más conocidos son los perros lazarillos que ayudan a los **discapacitados de la vista.** Pero estos amigos de cuatro patas también llevan a cabo otras tareas. Un grupo llamado Canine Companions for Independence (Compañeros caninos por la independencia) entrena perros para abrir y cerrar puertas, encender y apagar luces, levantar objetos que se han caído e incluso empujar sillas de ruedas.

Corazones solidarios

Los compañeros caninos son "manos solidarias" para muchas personas. Pero los perros de servicio también pueden proporcionar corazones solidarios. Eso es lo que sucedió con una niña llamada Megan.

Megan tiene siete años. Tiene una enfermedad que se llama síndrome de Angelman. Como consecuencia, no puede hablar ni caminar.

Las personas a veces se sentían incómodas con Megan y su familia. Nadie sabía qué decir ni cómo comportarse. La vida de Megan se volvió muy solitaria. Su madre explica, "ser discapacitado puede resultar muy solitario".

Las cosas cambiaron cuando llegó Gabri. El labrador cobrador, de dos años de edad, se convirtió en el amigo peludo de Megan. "Gabri es perfecto para romper el hielo", cuenta la madre. "Las personas que antes no sabían qué decir ahora se acercan y preguntan sobre el perro de Megan".

Con ayuda, Megan alimenta, cepilla y se ocupa de Gabri. "Si este perro hace que la vida de Megan sea un poco más divertida", dice su madre, "vale la pena tenerlo".

Narices que saben

Algunas profesiones caninas dependen de tener un buen olfato. La nariz de un perro tiene 20 veces más células olfativas que la de un ser humano. Los perros pueden aprender a detectar bombas, drogas, dinero e incluso bananas.

Sí, bananas. Las frutas, las verduras, la carne y otros productos alimenticios a veces transportan insectos y transmiten enfermedades. Los alimentos de otros países pueden infectar las cosechas o los animales de los EE.UU. Para evitarlo, el Departamento de Agricultura de los EE.UU. creó la Brigada Beagle. En los aeropuertos internacionales, hay inspectores de equipaje peludos y de cuatro patas que huelen los bolsos y las maletas. El beagle se sienta tranquilamente al lado de cualquier cosa que tiene un olor sospechoso. El compañero humano del sabueso entonces verifica que no haya artículos ilegales.

¿Por qué los beagle? Son amigables y simpáticos. Por eso, no asustan a las personas mientras huelen entre la multitud. Y lo que es más importante, los beagle tienen un olfato increíble para detectar alimentos. Huelen olores tan leves que ni los aparatos de alta tecnología pueden medirlos.

Al terminar su carrera de seis a diez años, un perro de la Brigada Beagle puede recordar hasta 50 olores diferentes. A veces los productos inocuos, como la crema de afeitar con aroma a limón, confunden a los perros. Pero no es muy frecuente. La Brigada Beagle detecta olores con precisión el 84 por ciento de las veces.

Detectives caninos

Los perros también usan sus fabulosas narices para encontrar personas: vivas o muertas. Con esos poderosos hocicos, los perros pueden oler pequeñas pistas que las personas dejan a su paso donde quiera que van. Estas incluyen células de la piel muertas, bacterias, fragmentos de ropa y cabellos. Estos olores pueden llevar a un perro hasta una persona escondida, lo que se denomina un "hallazgo".

Los perros de búsqueda y rescate (SAR, por sus siglas en inglés) han rastreado a excursionistas

Al rescate. *Nickie viaja con los socorristas a un edificio que se desplomó. Su agudo sentido del olfato ayudará a los socorristas a encontrar sobrevivientes.*

perdidos en el Parque Yosemite. Han buscado entre parvas de escombros en terremotos y otras catástrofes. Los perros de SAR ayudaron a los rescatistas de la ciudad de Nueva York después de los ataques terroristas del 11 de septiembre de 2001. Los animales buscaron sobrevivientes bajo el hormigón, el acero y otros escombros.

Los pastores alemanes, los labradores cobrador, y los border collie son buenos perros de búsqueda y rescate. Pero también lo son muchas otras **razas**, o tipos. La personalidad del perro es más importante que la raza.

Los perros de búsqueda y rescate deben ser fuertes, obedientes, atléticos e inteligentes. Más que nada, les tiene que gustar jugar. Los entrenadores buscan perros que se vuelvan locos por su juguete favorito, como por ejemplo una pelota de tenis. Esos perros llevarán a cabo cualquier trabajo siempre y cuando la recompensa sea poder jugar cuando hayan terminado.

Para los perros de búsqueda y rescate, una misión puede ser simplemente un gran juego de escondidas. Pero para las personas, el "juego" es una cuestión de vida o muerte. Es por eso que los perros de búsqueda y rescate son irremplazables. Ninguna máquina, ni siquiera un robot ni un detector de movimiento, puede igualar el rendimiento de un detective canino.

¿A eso le llaman trabajo?

Los perros de búsqueda y rescate tienen trabajos serios, aunque ellos no se den cuenta. Otros perros "trabajan" divirtiéndose. Buscan, cazan o simplemente se ven simpáticos. ¡Miren a estos canes profesionales!

El dueño de Bosco tiene una bolera en Homosassa Springs, Florida. De tanto en tanto, los bolos caen en la canaleta. El rastrillo automático de las filas no los puede alcanzar. Entonces Bosco sale al rescate. Corre hasta la canaleta y los recupera. Se puede decir que le da nuevo sentido a la frase "deportes caninos".

A Eagle le encantan los huesos. Para ser más precisos, los huesos viejos. Una cruza de doberman pinscher y pointer alemán de pelo corto, Eagle tiene una habilidad especial para encontrar restos de personas que murieron hace cientos de años.

¿Este hábito extraño le molesta al dueño de Eagle? Para nada. Es un **arqueólogo**, alguien que estudia el pasado. Lleva a Eagle a las excavaciones. Su perro ha ayudado a encontrar un cementerio de esclavos en Mississippi y sepulturas de amerindios en Michigan.

Y también está Kersee. Su carrera canina tal vez sea la mejor de todas. Es vicepresidenta de comunicaciones caninas en Iams, una empresa de alimento para perros. Kersee, una golden cobrador, representa a la empresa en eventos de caridad. Da la bienvenida a los visitantes en la sede central de Iams en Dayton, Ohio. Y no duda en probar los productos de la empresa.

Estrellas de cine.
A estos perritos se los ve relajados. Pero en realidad están filmando una escena de Snow Dogs (Aventuras en Alaska).

Cheques de sueldo de los canes

Sin importar cuál sea la tarea, una infinidad de perros hacen un gran trabajo. ¿Qué obtienen a cambio? Seguramente no es dinero en efectivo.

Pero el "sueldo" de un perro que trabaja incluye cosas valiosas: amor, comida, techo y buenos cuidados. Los perros se han vuelto tan dependientes del ser humano que, de hecho, no podrían vivir sin nosotros. Y, para millones de amantes de los perros, el sentimiento es mutuo.

Vocabulario

arqueólogo: científico que aprende sobre pueblos antiguos estudiando los restos dejados por ellos

discapacidad: imposibilidad para hacer algo, como caminar o ver

discapacitado de la vista: ciego o imposibilitado de ver bien

raza: tipo de perro

A TU S

RVICIO

os perros de servicio ayudan a las personas de muchas formas. Sin embargo, se requiere mucho entrenamiento para que un perrito esté listo para un trabajo a tiempo completo. Los perros y otros animales de servicio deben aprobar evaluaciones difíciles antes de comenzar a trabajar.

El entrenamiento los prepara bien. Cuando lo terminan, los animales de servicio tienen las habilidades y la confianza necesarias para hacer su trabajo. Y eso es importante. Después de todo, de ellos depende la vida de las personas.

¿De qué manera exactamente se entrena a los animales de servicio? Depende del tipo de trabajo que realizará el animal. Para saber cómo se entrena a algunos animales de servicio, veamos a los perros que ayudan a los discapacitados de la vista.

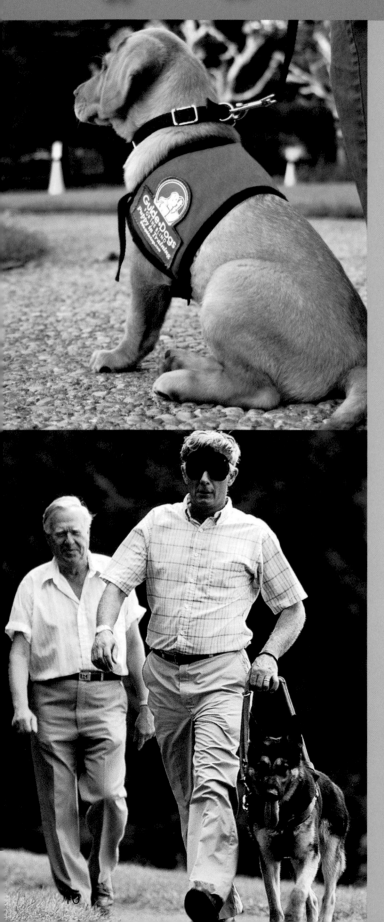

Paso 1

Los perros lazarillos comienzan su entrenamiento cuando tienen solo ocho semanas. ¿Qué puede aprender un cachorro a una edad tan temprana? Es simple. Aprende a amar a las personas.

A medida que crece, el cachorro aprende habilidades básicas. Se le enseña a sentarse y quedarse en el lugar. Aprende a caminar al lado de alguien sin tironear de la correa. ¡El cachorro aprende a ser un perro bien educado!

Paso 2

Cuando el perro cumple un año y medio, realmente comienza su entrenamiento. Un entrenador trabaja con el perro todos los días. El perro aprende a obedecer órdenes de voz. Entonces, si una persona le dice "Alto", el perro sabe que debe detenerse.

El perrito también aprende otros trucos importantes para la tarea. El entrenador le enseña a mirar hacia ambos lados de la calle antes de cruzar. También se le enseña a no hacer caso a las distracciones. ¿Por qué? Un perro lazarillo no debe perseguir animales ni seguir aromas tentadores. La seguridad de su dueño está en juego.

Paso 3

Pronto, el perro lazarillo domina las habilidades básicas. Ahora debe aprender a guiar. El perrito aprende a guiar al entrenador para subir al autobús. Aprende a guiar a una persona de manera segura por la ciudad.

Créase o no, también aprende a desobedecer. ¿Por qué? Si un automóvil viene muy rápido por la calle, el perro no debe cruzar: no importa lo que le pida el entrenador. Por lo tanto, el perro debe aprender a tener criterio.

Paso 4

Antes de que el pichicho se vuelva un profesional, debe aprobar algunas evaluaciones. El entrenador se pone una venda en los ojos. Y entonces el perro demuestra sus habilidades.

El perro guía al entrenador para subir escaleras, por calles abarrotadas de personas y para cruzar calles con mucho tránsito. Lo guía a través de edificios de oficinas y centros comerciales, en escaleras mecánicas y ascensores y para subir a la acera.

Las evaluaciones son difíciles. Pero el entrenamiento fue más difícil. Si el perro aprueba, se pone a trabajar de inmediato. Se convertirá en "los ojos" de una persona con una discapacidad de la vista.

PONIS GUÍA

La mayoría de los animales de servicio son perros. Sin embargo, otras clases de animales también pueden ayudar a las personas discapacitadas. Por ejemplo, los ponis en miniatura a veces se usan como lazarillos. Guían a las personas con discapacidades de la vista.

Ponis en miniatura. *Este caballo en miniatura guía a un discapacitado de la vista.*

Perros de servicio

¿Puedes olfatear las respuestas
a estas preguntas del libro?

1 ¿Cómo pueden ayudar los perros a la gente con discapacidades?

2 ¿Por qué los perros son buenos inspectores en los aeropuertos?

3 ¿Por qué es como un juego el trabajo de un perro de búsqueda y rescate?

4 ¿En qué se parecen un perro arqueólogo y un perro de búsqueda y rescate?

5 ¿Por qué es tan importante el entrenamiento de un perro de servicio?